Für _____ Omi ♡

Von Carlotta & Co

Veröffentlicht im Jahre 1999 von Exley Handels-GmbH,
Kreuzherrenstr.1, D-52379 Langerwehe-Merode,
Deutschland

Copyright © Helen Exley 1997
Randillustrationen von Juliette Clark
Herausgeber und Bildauswahl: Helen Exley

ISBN 3-89713-038-6

Eine Kopie der CIP Daten ist von der British Library auf
Anforderung erhältlich. Alle Rechte vorbehalten. Das
Werk, einschließlich aller seiner Teile, ist urheberrechtlich
geschützt. Jede Verwertung außerhalb der engen Grenzen
des Urheberrechtsgesetzes ist ohne schriftliche
Zustimmung des Verlages unzulässig und strafbar. Das
gilt insbesondere für jede Art von Vervielfältigungen, für
Übersetzungen, Mikroverfilmungen, Einspeicherung und
Verarbeitung in elektronischen Systemen.

Bildforschung: Image Select International
Deutsche Übertragung: Hella Buschendorf
Gedruckt in China

GROSSMÜTTER

EIN HELEN EXLEY GESCHENKBUCH

BRÜSSEL, B • MERODE, D • NEW YORK, USA • WATFORD, UK

Es ist nicht nur das stille Kuscheln und das Schaukeln in ihrem Stuhl – das Haus meiner Großmutter ist etwas Besonderes, weil sie darin wohnt.

MARIAN BENEDICT MANWELL

Ich liebte ihr Haus. Alles roch alt und abgenutzt, aber sicher; der Kuchenduft hatte sich in die Möbel «eingebacken».

SUSAN STRASBERG

... in dem Heim, das meine Großmutter geschaffen hat, habe ich den Anfang für die Liebe gefunden, die ich vererbt bekommen habe.

LOIS WYSE, AUSZUG AUS: «INHERITANCE»

Wenn nichts gelingt, rufe Deine
Großmutter oder Deinen Großvater an.
ITALIENISCHES SPRICHWORT

Außer den materiellen Dingen braucht
ein Kind Liebe, Respekt und eine
Zuflucht, wenn etwas schwierig wird.
Dafür sind Großmütter da.
CHARLOTTE GRAY, GEB. 1937

Wenn es scheint, daß Dich die Welt nicht
versteht, ist Großmutter da, um Dir die
Hand zu halten.
JOYCE K. ALLEN LOGAN

Ich wünschte mir, daß jedes erschreckte,
einsame, kranke und verwirrte Kind
in der Welt eine Großmutter hätte,
zu der es gehen kann.
PAM BROWN, GEB. 1928

Wenn ich hinfalle und mir das Knie
aufschlage, holt sie mich herein und
lacht. Ich mag ihre sanfte, liebevolle
Berührung. Da fühle ich mich so
geborgen.
KAREN WILSON, 10 JAHRE

Bei Großmüttern kann man sich immer darauf verlassen, daß sie Süßigkeiten, Plätzchen und Kandiszucker haben. Die von ihr schmecken immer besser als die von irgendjemand anderem.

ELIZABETH FAYE

Manche Großmütter riechen nach Lavendelseife, manche nach französischem Parfüm. Meine Großmutter riecht nach Kuchen, frischem Brot und Pfefferminz. Meine Großmutter riecht prima.

PETER

DAS LICHT MEINES LEBENS

... ich bin ganz und gar das Kind meiner Großmutter. Ich war der Überzeugung, daß Ihr Älteren Götter auf Erden seid. Ich würde sogar hinter meiner Großmutter laufen und ihr den Schirm halten, wenn ich darum gebeten würde.

LISA JONES

Seit ich mich erinnern kann, war meine Großmutter immer ein besonderes Beispiel für Freude, Lachen und Wärme.

H. R. H. THE PRINCE OF WALES

Einfach bei meiner Großmutter sein zu dürfen, zufrieden und ohne Druck, war genügend Beweis ihrer Liebe. Ihr Geist erleuchtete uns wie ein Licht aus ihrem Inneren. Wenn sie aus dem Zimmer ging, war es, als ob die Flammen des Feuers kleiner werden und das Licht heruntergedreht wird.

MOLLY PARKIN, GEB. 1932, AUS:
«MOLL: THE MAKING OF MOLLY PARKIN»

Wenn ich die Welt regieren würde, so schenkte ich ihr zwei große Rosenfelder.

PAUL MCAULEY, 7 JAHRE AUS:
«DER BESTEN GROSSMUTTER DER WELT»

Eine Enkeltochter ist ein Art Wunder. Eine Überredungskünstlerin. Du kannst versuchen, streng zu sein, aber Du kannst ihrem Lächeln nicht widerstehen.

Du könntest schwören, daß Du ihr jetzt keinen Apfelkuchen gibst, aber wer würde nicht aufgeben bei diesem charmanten Lächeln. Du könntest schwören, daß Du ihr nicht noch einen Teddy kaufst, aber keiner kennt Deine Schwächen besser als sie.

Ein Ruck an Deinem Finger, eine Schmuserei, eine kleine Träne und ihr letzter Versuch, ein zögerliches: «Bitte, Großmutter, ich hab` Dich so lieb.» Und damit kann sie die ganze Welt bekommen.

HELEN EXLEY, GEB. 1943

In allen alten Geschichten haben Großmütter ihren Enkeln das Häkeln und Stricken beigebracht, und wie man einen feinen Saum macht. Sie lebten in gemütlichen Küchen, warm und nach herzhaftem Kuchen, frisch gebackenem Brot und frisch gebügelten Tüchern duftend. Ein Traum. Tröstlich – aber nur ein Traum. Denn heutzutage hat Großmutter Jeans und einen weiten Pullover an und kann «ums Verrecken nicht» nähen. Ihre Haarfarbe kann jede Nuance aus dem großen Farbspektrum sein – und sie bügelt so wenig wie möglich. Aber sie kann gut mit dem Spaten umgehen, und letzte Woche hat sie die Möbel herumgerückt und das Eßzimmer ganz allein tapeziert. Manchmal, wenn die Enkelkinder vorbeikommen wollten, hat sie schnell noch einen Hefekuchen zusammengerührt, aber es kann auch sein, daß sie ihn im Supermarkt gekauft hat. Denn sie ist sehr beschäftigt, sie nimmt an einem Kunstkursus teil und macht außerdem einen Kurs für Autoreparaturen. Natürlich nur, wenn sie kein Geschäft hat, oder einen Roman schreibt, oder eine Protestdemonstration organisiert, oder eine Segeltour um die ganze Welt vorbereitet. Aber sie ist genauso eine gute Großmutter. Sie gibt ihren Enkelkindern eine gute Grundlage in Politik und gesundem Essen. Und wie man eine Sicherung repariert. Und wie man eine richtige Pizza macht. Ihre Umarmungen sind genauso lieb - und sie ist auch genauso gut im Erzählen von Geschichten und Geheimnissen – und schnell mal dabei, ein Wörtchen mit Papa zu reden.

PAM BROWN, GEB. 1928

GROSSMÜTTER führen den Vorsitz über große Familienfeste und Feierlichkeiten wie Weihnachten, Ostern, Pfingsten usw.

Sie verbinden uns mit den großen Ereignissen des Lebens - Geburt, aber auch Tod und natürlich Hochzeit. Sie sind Quellen häuslicher Weisheit und Erfahrung. Sie sind freigiebig; von ihnen kommt nur Gutes. Vor allem sind Großmütter die "Verbesserer" der Enkelkinder. Sie versetzen Enkel in die Lage, ihre Vorstellungen über die oft engen Grenzen ihrer Einbildungskraft über die sogenannte Kern-Familie auszudehnen.

PAGE SMITH

AUS: «OLD AGE IS ANOTHER COUNTRY»

EINE GROSSMUTTER IST DA

*Weitausgestreckte Arme bringen Großmütter
dazu, ihr Rheuma auf morgen zu verschieben.*
JULIE B. JONES

*Das ist so eine Freude,
so ein Wohlbehagen,
so eine Erleichterung der Last,
wieder neue Freude
in meinem eigenen Leben,
den Lebensstrom zu fühlen, der immer
weiterfließt, und von dem ich ein Teil bin.*
BETTY FRIEDAN ÜBER SICH ALS GROSSMUTTER

*Erst als Großmütter erreichen unsere Mütter
die Vollkommenheit ihres Charmes. Wenn die
Mutter eines Mannes sein Kind in ihren
lieben Armen hält, ist er sich der
Vollkommenheit des Lebenszyklus bewußt,
der mystischen Harmonie der Lebenswege.*
CHRISTOPHER MORLEY (1890 – 1957)

*Enkelkinder sind eine Erneuerung
des Lebens, ein bißchen von uns,
das in die Zukunft eingeht.*
HELENE SCHELLENBERG BARNHART

Die meisten jungen Leute heute leben in ihrer Welt wie in einem Film. Nichts ist beständig; alles ist Schein. Es gibt nur sehr wenige Dinge, denen wir vertrauen können ... Die Mode ändert sich mit jeder Saison und jeder Laune. Mitten in all dieser Veränderung und der Unsicherheit, die sie umgibt, sind der Anblick und der Geruch von Großmutters Haus ein stabilisierender und wichtiger Einfluß. Selbst die zynischsten und abgestumpftesten jungen Leute werden zu einer anderen Bewertung ihrer Werte und Lebensrichtlinien hin zu Familientraditionen gebracht. Großeltern sind der Mittelpunkt dieser Erinnerungen.

JAY KESLER,
AUS: «GRANTPARENTING: THE AGONY AND THE ECSTASY»

LIEBE IST BLIND

Ich glaube, Du denkst, daß ich als
Großmutter voreingenommen sein könnte
gegenüber diesem Baby, aber meine Jahre
als Journalistin haben es mir möglich
gemacht, alles objektiv zu betrachten.
Doch ich muß zugeben,
daß Joshua Lee Bloomingdale
im Alter von dreiundfünfzig Minuten
das hübscheste Baby war,
das Gott je geschaffen hat.

TERESA BLOOMINGDALE, GEB. 1930

Jede Großmutter hat eine Schublade voll eigenartiger Kreidezeichnungen und falsch geschriebener Buchstaben, die sie aber niemals eintauschen würde – nicht mal für die Kohinoor-Diamanten.

MARION C. GARRETTY

Wenn doch nur das «Häßliche Entlein» eine Großmutter gehabt hätte, dann hätte es nicht leiden müssen. Denn sie hätte natürlich sofort erkannt, daß es eigentlich ein Schwan war.

PAM BROWN, GEB. 1928

Wie ehrgeizig doch Großmutter Jones war, als es um ihre Enkelkinder ging. Wenn jemand nach deren Alter fragte, antwortete sie: «Der künftige Doktor ist in der dritten Klasse und der künftige Raketenspezialist in der fünften.»
ANONYM

In unserer Nähe wohnen viele Großmütter. Ihre Enkel wurden alle in Krippen geboren und sie haben einen I.Q., der so hoch ist, daß man ihn nicht messen kann.
ERMA BOMBECK, GEB. 1927

Großmutter: «Habe ich Dir schon von meinen Enkeln erzählt?»
Freundin: «Nein, und das schätze ich sehr.»
MILTON BERLE

VERNARRTE GROSSMÜTTER

Du weißt, eine Großmutter
ist die Behüterin ihrer Enkel,
wenn sie jedes Schniefen
der Nase behandelt,
als ob es lebensbedrohlich
wäre, alle großartigen
Zeugnisse einrahmt
und schwört, daß ihr
Lieblingsbuch «Gute Nacht,
lieber Mond» ist.

GROSSMUTTER JAN

Kein Cowboy war jemals schneller am Abzug als eine Großmutter, die Fotos von Babies aus ihrer Tasche zieht.

ANONYM

Wenn Dein Baby «hübsch und vollkommen ist, niemals schreit oder Krach macht, nach Plan schläft und auf Verlangen aufstößt, also ein Engel ist ... » dann bist Du die Großmutter.

TERESA BLOOMINGDALE, GEB. 1930

EINE FRAU, MIT DER MAN RECHNEN MUSS

*Meine Oma ist stark!
Sie ist die einzige in unserer Familie,
die meine Mutter herumkommandieren
kann und damit durchkommt.*

JEFFREY, 9 JAHRE

*Es ist sehr schwer,
seine Großmutter zu täuschen.*

PAM BROWN, GEB. 1928

*Eine Großmutter
kann furchtbar aussehen, aber sie ist
ganz sanft im Inneren.*

HELEN EXLEY, GEB. 1943

VERRÜCKTE GROSSMÜTTER!

Ich war eine Mutter ... und selbstverständlich bin ich als Großmutter Amok gelaufen.

WHOOPI GOLDBERG

Großmütter können lustigere Gesichter machen und schlimmere Geräusche als Mütter. Mütter sagen manchmal, das ist, weil sie ihre Hemmungen verloren haben. Und manchmal stöhnen sie einfach: «Mum!»

CHARLOTTE GRAY

Großmütter haben absonderliche Angewohnheiten. Das macht ihr Alter.
PADDY, AUS: «AN ILLUSTRATED GRANDMOTHER`S NOTEBOOK»

Sie reden stundenlang, doch es macht ihnen nichts aus, ob überhaupt jemand zuhört oder nicht.
TONI SWINDELLS, 11 JAHRE

Großmütter sollten alt sein, aber meine denkt gar nicht daran.
HELENA HOUSTON, 9 JAHRE AUS: «TO THE WORLD`S BEST GRANDMA»

ARME ALTE GROSSMUTTER!

Frage deine Großmutter nichts, bis sie einen Kaffee getrunken hat.

PAMELA DUGDALE

Großmütter sind gut, wenn sie auf dem Fußboden sitzen und mit Dir spielen, aber es ist furchtbar schwer, sie wieder hoch zu kriegen.

PAM BROWN

Du weißt, wann Großmutter müde wird. Sie beginnt mit «Rotkäppchen» und endet mit «Das tapfere Schneiderlein».

PETER GRAY

Meine Frau hat kürzlich ihr erstes Enkelkind «geboren». Ihre Tochter, glaube ich, durfte eine unbedeutende Rolle bei diesem Ereignis spielen, aber mein Schwiegersohn und ich durften nicht mal «Statisten-Rollen» innehaben. Unsere neu gebackene Großmutter blüht richtig auf ..., und ich fange inzwischen an, meine Rechte zu behaupten und – ich gebe es zu – den Kleinen ein bißchen zu verwöhnen.

EIN GROSSVATER, ZITIERT AUS : «YOUR GRANDCHILD AND YOU» VON ROSEMARY WELLS

Es war ganz außergewöhnlich, als meine Enkelin klein war und ich sie an mich drückte und fühlte, daß Babies irgendwie etwas zurückgeben – absolute Liebe. Ich habe lebhafte Erinnerungen daran, wie ich sie an mich drückte, ihren Körper spürte und mich dabei ganz und gar frei fühlte, sie zu lieben, ohne Wenn und Aber. Mit meinen eigenen Kindern war es irgendwie beklemmend, aber bei ihr fühlte ich die Freiheit, sie zu lieben.

STELLA, AUS:
«GRANDMOTHERS TALKING TO NEL DUNN»

Ich habe nicht erwartet, daß dieses Kind so eine Quelle von Liebe sein könnte. Er gibt seiner Großmutter nicht ein oder zwei Küßchen, nein – seine Küsse sind ein Regenwald, in dem der Regen nie aufhört - kleine weiche Küßchen überall auf mein Gesicht, wo es ihm am nächsten ist, bis ich sage: «Gut! Nicht mehr!» und ich bin fast hysterisch vor Lachen und Freude. Er lacht auch zwischen den Küßchen, und für mich ist es das pure Vergnügen. So muß sich meine Großmutter gefühlt haben, als ihre Urenkel versucht haben, sie aus diesem Strom von Küßchen herauszuziehen, sie aber wieder zurück fiel und dabei mädchenhaft kicherte.

NELL DUNN, GEB. 1936

*A*ls Du noch ganz klein warst, hast Du meinen kleinen Finger mit Deinem Händchen umfaßt und festgehalten, als ob es für immer sein sollte. Du wurdest größer und lerntest laufen und hast mich mitgezogen zu Deinen Entdeckungen. Der rauhe Herbstgarten entpuppte sich als Wunderland: eine allerletzte Rose, eine Taubenfeder, ein fetter, gesunder Regenwurm, das Treiben goldener Herbstblätter im Wind, ein eiliges Mäuschen. Deine Händchen zogen mich aus meinem Sessel zur Tür, und ich mußte *einfach mit: in den Park, in die Geschäfte, in die Bücherei, ins Museum, zur Eisenbahn, in den Wald, an den Strand, zum Fluß. Du hast mir eine Welt gezeigt, die ich schon halb vergessen hatte. Eine Welt voller Wunder. Und wenn Du mal groß bist und uns verläßt, werden unsere Herzen mit Dir gehen – zu Orten, die wir nie gesehen haben und in eine Zeit, die wir nie mehr miterleben.*

PAM BROWN, GEB. 1928

Das Haus meiner Großmutter war mit Außentoilette, aber mit komplett neuem Bad und fließend warmem Wasser, mit Kohlenfeuer in jedem Zimmer, Sommer wie Winter. Es stand in dem kleinen Bergarbeiterdorf Pontycymmer, im Garw-Tal in Südwales. Ein Ort, zu dem mein Herz immer wieder wegen der glücklichsten Kindheitserinnerungen zurückgekehrt ist, und den ich immer als mein Zuhause betrachtet habe.

MOLLY PARKIN, GEB. 1932,
AUS: «MOLL: THE MAKING OF
MOLLY PARKIN»

Wo ist sie nur hin, die liebe, grauhaarige alte Dame, die Kuchen gebacken, Kirschen eingemacht und Blumen im Garten gezogen hat? Sicher, die traditionelle Großmutter gibt es noch, aber Enkelkinder heutzutage haben viel eher eine Großmutter, die eine hochmotivierte Karrierefrau, eine Weltentdeckerin, eine Geschäftsfrau ist; die ihr Heim, ihren Ehemann und ein geschäftiges gesellschaftliches Leben unter einen Hut bringt. Doch, obwohl sich das Image verändert haben mag, die Bedeutung von Großmüttern im Leben ihrer Enkelkinder ist immer noch die gleiche.

ANGELA NEUSTATTER

GENERATIONEN

Großmutter erzählt die Geschichten, die sie früher gehört hat ... als sie noch ein Kind war. Viele Geschichten von aufregenden Abenteuern, die vor langer, langer Zeit geschahen. In ihnen gab es keinen Luxus, wie wir ihn heute haben, aber es gab den Tanz in ihrem großen Wohnzimmer, wenn die Möbel zur Seite gerückt wurden; oder sie standen um das Klavier herum und sangen Lieder, erzählten Geschichten am lodernden Feuer und aßen dabei heiße Pfannkuchen. Im Winter liefen sie Schlittschuh auf dem zugefrorenen See im Park, fuhren auf dem offenen Oberdeck der Straßenbahn und vieles mehr. All das ist mehr als heute Fernsehen und Ferienspaß im Ausland. Ich hoffe, daß meine Großmutter noch lange bei mir ist, und wenn ich einen Bauernhof habe, wie ich ihn gern haben möchte, lebt sie bei mir und füttert die Hühner. Wir werden ein schönes Holzfeuer haben, und dann erzählt sie uns Geschichten von früher.

DAWN WILLIAMS, 10 JAHRE

[Meine Großmutter] war diejenige in unserer Familie, die mich am besten verstand. So dachte ich damals. Ich glaube, es war nicht so sehr ihr Verständnis, als vielmehr die bloße Kraft ihrer Ermutigung, die mir all die Jahre geholfen hat ...

LINDA SUNSHINE,
AUS: «TO
GRANDMOTHER
WITH LOVE»

*Enkelkinder sind Punkte, die
die Linien von Generation zu
Generation ziehen.*

LOIS WYSE

*Großmütter sollten ihre
Lebensgeschichte aufschreiben, wie
langweilig sie ihnen auch vorkommen
mag. Denn solche Erzählungen zeigen
Geschichte, wie sie war – eine Folge
von ineinander greifenden Leben.
Die große Familie der Menschheit in
ihrer Einheit.*

CHARLOTTE GRAY, AUS: «AN ILLUSTRATED
GRANDMOTHER`S NOTEBOOK»

*Großmutter möchte keine besondere
Art der Anerkennung. Sie möchte
einfach sie selbst sein und das tun,
was einer Großmutter zukommt: ihre
Enkelkinder lieben, ihren großen
Erfahrungsschatz weitergeben,
respektiert, toleriert und verstanden
werden von allen um sie herum.*

JACK HALLAM, AUS: «TO GRANDMA WITH LOVE»

Ich liebte Großmutter`s kleine Küche mit dem lodernden Feuer und die Hocker darin. Ich fühlte mich wohl, wenn ich bei ihr saß und ihr zusah bei der Hausarbeit. Ich fühlte, daß ich niemals von hier weggehen wollte, und daß ich bleiben könnte für den Rest meines Lebens, wie in einem Kokon eingesponnen.

MOLLY PARKIN, GEB. 1932, AUS:
«MOLL: THE MAKING OF MOLLY PARKIN»

EINE BESONDERE LIEBE

*Großmütter gibt es in den verschiedensten
Arten, mit Falten, mit anderer Sprache,
Hautfarbe, Kleidung und in vielen Stadien
des Alters. Aber sie sind alle
voller Liebe.*

PAM BROWN, GEB. 1928

*Die meisten Großeltern,
wie auch die meisten Eltern,
lieben ihre Enkel bedingungslos,
ungeachtet ihrer Leistungen.*

ELIN MCCOY

Du wirst immer für mich da sein und mich zum Lächeln bringen. Wenn die Welt mir gehören würde, würde ich sie Dir schenken. Ich werde Dich immer lieb haben.
MICHELLE WILSON, 9 JAHRE

Ich glaube, Du bist etwas ganz Besonderes für mich, weil Du mir geholfen hast, groß zu werden. Jetzt bist Du sehr alt, und ich möchte zweimal soviel für Dich sorgen.
NICOLA WATSON, 9 JAHRE

In so vielen Dingen, die wir lieben, ist etwas von Dir. Ich kann es an vielen kleinen Dingen erklären, Blumen und Stickarbeiten mit kleinen Stichen. So vieles in unserem Denken, so viele schöne Gewohnheiten ... In allem bist Du. Ich habe das vorher gar nicht so bemerkt. Es ist so undefinierbar, aber siehst Du es nicht, Großmutter?
Ich möchte Dir dafür danken.

ANNE MORROW LINDBERGH,
AUS: «BRING ME A UNICORN»

DIE EWIGE JÄGERIN

Großmütter waren immer schon die geborenen Sammler. Sie hatten immer Taschen voller verborgener Schätze - Taschen aus Leder, Leinen, Baumwolle und nun PVC. Und immer war etwas Besonderes für die Enkel dabei. Schöne Beeren, ein toller Stein, eine Handvoll Haselnüsse, ein schillernder Käfer, ein Paar Wollsocken, eine Puppe mit Porzellankopf, eine CD. Wir sind mit der Zeit mitgegangen, wir Großmütter – von der Höhle bis zum modernen Appartement.

Unsere Augen sind so scharf wie die der Rotkehlchen – immer auf der Suche nach etwas Außergewöhnlichem, etwas Einzigartigem, etwas Schönem für die Kinder unserer lieben Kinder. Für Gina und Anette, Lisa, Antje und Robert, Ina und Alexander, Heike und Sven. Wir möchten sie lächeln sehen und hoffen auf ein Küßchen von ihnen.

PAM BROWN, GEB. 1928

Seit jeher waren Großmütter Unterhändler
und Friedensboten in ihren Familien.

GROSSMUTTER JAN, AUS: «GRANDMOTHERS ARE LIKE
SNOWFLAKES ... NO TWO ARE ALIKE»

Großmütter sind gut für Geheimnisse,
Sorgen, Pläne und Ängste.

CHARLOTTE GRAY

Großmütter können zerbrochene Teile, die
gar nicht mehr zu reparieren sind,
hernehmen und sie wieder zusammenfügen.

CLARA ORTEGA, GEB. 1955

Großmütter können sagen «Mach` Dir nichts draus, meine Liebe. Das geht vorbei, wirklich.»

PAM BROWN

Danksagungen: Die Veröffentlicher sind für die Erlaubnis dankbar, Copyright-Materialien reproduzieren zu dürfen. Obwohl alle Bemühungen unternommen wurden, weitere Copyright-Besitzer zu finden, würde sich der Veröffentlicher freuen, von jenen zu hören, die hier nicht aufgeführt sind. NELL DUNN: Auszüge aus «Grandmothers Talking to Nell Dunn», copyright 1991 Nell Dunn, mit Genehmigung von Curtis Brown Group Ltd., London. GRANDMA JAN: Auszüge aus «Grandmothers are like Snowflakes... No Two are alike», herausgegeben von Janet Lanese, veröffentlicht von Bantam Doubleday Dell Publishing, Inc. JAY KESLER: Auszug aus «Grantparenting: The Agony and the Ecstacy», copyright © Jay Kesler. Reproduktion mit Genehmigung von Hodder and Stoughton Limited. ANGELA NEUSTATTER: Auszug aus «Granny How You've Changed», veröffentlicht in You Magazine, The Mail on Sunday, 17th September, 1995. Copyright Solo Syndication. MOLLY PARKIN: Auszüge aus «Moll: The Making of Molly Parkin», © 1993 Molly Parkin, veröffentlicht von Victor Gollancz, a division of Cassell. PAGE SMITH: Auszug aus «OLD AGE is another Country», von Page Smith. © 1995, veröffentlicht von The Crossing Press, Freedom, CA.

Bildgenehmigungen: Exley Publications bedankt sich bei den folgenden Personen und Organisationen für die Genehmigung, ihre Bilder reproduzieren zu dürfen. Obwohl alle Bemühungen unternommen wurden, weitere Copyright-Besitzer zu finden, würde sich der